혼자 살 것인가, 함께 누릴 것인가?

현존철학으로 제안하는 인문민주주의

혼자 살 것인가, 함께 누릴 것인가?
현존철학으로 제안하는 인문민주주의

2015년 8월 27일 1판 1쇄 인쇄
2015년 9월 1일 1판 1쇄 발행

지은이	조광제
펴낸이	한기호
편집인	김종락
출판기획	대안연구공동체
편집·디자인	프로므나드
펴낸곳	길밖의길
출판등록	2015년 7월 6일 제 2015-000211호
주소	121-839 서울시 마포구 동교로 12안길 14(서교동) 삼성빌딩 A동 2층
전화	02-336-5675
팩스	02-337-5347
이메일	kpm@kpm21.co.kr
홈페이지	www.kpm21.co.kr
ISBN	979-11-955852-6-7 02300

길밖의길은 한국출판마케팅연구소의 임프린트입니다.
책값은 뒤표지에 있습니다.

머리말

나는 '중동호흡기증후군MERS, 메르스 사태'를 '자연생명적인 바이러스에 의한 대대적인 불안과 공포의 사회적인 확산으로 국가 전체가 마비될 정도의 긴급사태'로 규정하고, 이 글을 통해 '메르스 사태'를 철학적으로 성찰하여 사회정치적인 교훈을 얻고자 한다.

메르스 사태에는 인간됨의 제반 조건을 둘러싼 여러 사안들이 복합적으로 얽혀 있는데, 그 사안들을 풀어내기 위해서는 먼저 나름의 철학적인 사유 장치, 즉 철학적인 범주적 개념들을 동원하지 않을 수 없다. 그래야만 메르스 사태의 진실이 지닌 근본적인 의미를 추출할 수 있고, 그런 다음에야 비로소 메르스 사태라는 뜻밖의 재난을 성찰하고, 우리가 추구해야 할 사회정치적인 교훈을 정돈해 낼 수 있다. 그럼으로써 무지를 각성으로, 불안을 반면교사의 동력으로, 절망을 희망으로, 분열과 갈등을 화합과 평화로, 나 자신만의 불안한 자유를 다른 사람들과 함께 누릴 수 있는 공향유의 자유로 바꾸어 낼 수 있는 길을 모색할 수 있다.

그 길이 열리는 방향은 배타적排他的인 개인의 생명이 날카롭게 작동하는 사회에서 벗어나, 대타적對他的인 공향유의 인문 예술적인 현존이 넘쳐나는 사회가 될 것이다. 그리고 이는 '인문민주주의'라는 이름으로 요약·지칭될 것이다.

2015년 8월

조 광 제

차 례

머리말   3

1. 배타적 실존에서 공향유의 현존으로   7

2. 공향유의 현존철학으로 본 대한민국 헌법   20

3. 메르스 사태로 본, '아무도 하지 못한 말'의 발설   31

4. 인문민주주의의 제안   49

1. 배타적 실존에서 공향유의 현존으로

 죽음은 은폐되어 있어야지, 함부로 세상에 나다니면 안 된다. 죽음이 예사로 눈앞에 어른거리면 생명이 날카로워져서 못쓴다. 생명이 날카로워진다는 것은 그 톱니의 섬뜩함에 걸릴까 봐 전전긍긍하게 된다는 것, 그리고 그 순간 오로지 나 자신만의 배타적인 섬에 감금된다는 것이다. 배타적인 생명의 톱니에 물려 버려 다른 무엇을 염두에 두지 못하게 되면, 그것으로 생명은 순전한 맹목성일 뿐, 인간됨은 소실되고 만다.
 실존철학자 하이데거Martin Heidegger, 1889-1976는 1927년 『존재와 시간Sein und Zeit』이란 책을 통해 우리

인간이 '죽음으로의 존재Sein zum Tode'라고 역설했다. 이는 인생 역정의 시간이 흐르다 다하면 반드시 죽을 수밖에 없다는 것을 말하고자 한 것이 아니다. 죽음은 은폐되어 있지만 이미 늘 지금 여기에서의 우리 삶을 감싸고 또 관통하고 있다는 것이다. 그러므로 인간이란 또한 이미 늘 불안하다는 것이다. 그래서 하이데거는 '불안Angst'을 일컬어 인간을 진정 인간이게끔 하는 '근본 기분Grundstimmung'이라고 말하고, 여기에서 새로운 형이상학의 길을 모색해야 한다고 말한다.

흔히 '실존철학'이라는 이름으로 불리는 그의 '불안의 형이상학'은 상당한 철학적인 위업을 달성했다. 인류 최초의 기계화 전쟁이었고, 수천만의 생명을 앗아간 제1차 세계대전으로 인해 유럽인 모두가 절망으로 전전긍긍하고 있을 때, 그러니까 배타적인 나 자신만의 생명이 드러낸 그 날카로운 톱니에 물려 오로지 절망으로 전전긍긍하고 있을 때, 그의 '불안의 형이상학'은 그 절망을 뒤집어 희망으로 바꾸어 냈다. 주위 어디를 둘러보아도 그저 온통 죽음만이 난무한다고 할지라도, 그래서 각자가 오로지 맹목적인 자신의 생명만을 붙들고서 발버둥 칠 수밖에 없다고 여겨질지라도, 함부로 공포와 그에 따른 절망에 시달려서는 안 된다는 것이었다. 말하자면, 그 공포를 역용逆用함으로써 '아, 인간이란 근본적으로 불안할 수밖에 없는 존재구나!' 하는 깨달음을 얻어야 한다는 것이고, 그 불안을 활용하여 '아, 나 자신만의 고유한 존재가 몸을 일으키는구나!' 하고서, 자신만의 고유한 존재 즉 자유에 입각한 실존實存, Existenz을 확보하는 쪽으로 심혈을 기울여야 한다는 것이었다. 또 그럴 수 있기 위해 이제까지 전승되어 온 일체의 본질적인 규정, 심지어 신의 그늘조차 확실히 벗어나야 한다는 것을 역설했던 것이다. 그 결과, 하이데거의 '불안의 형이상학'은 유럽인뿐 아니라 전 세계의 철학 및 문학과 예술에 종사하는 지성인들에게 영향을 미쳤다.

 그러나 나는 이러한 하이데거의 주장과 그에 따른 철학적인 영향력이 여전히 확산·파급된다거나, 그렇게 확산·파급될 수밖에 없는 현실 상황이 계속되는 일은 결코 있어서는 안 된다고 생각한다. 그 이유의 핵심은 그가 구축한 '불안의 형이상학'이 나 자신만의 고유한 존재인 '실존'이라는 개념에서 드러나듯이 끝없이 배타적인 나 자신의 존재에 집착하도록 하기 때문이다.

물론 '나 자신만의 고유한 존재'와 '날카롭기 그지없는 맹목적인 나의 생명' 사이에는 엄청난 거리가 있다. 나 자신의 고유한 존재를 위해서는 언제든지 맹목적인 나의 생명을 버릴 수 있기 때문이다. 맹목적인 나의 생명에 집착할 경우, 자본주의 세상이 강압하는 평균적이고 대중적인 요구를 특히 쉽게 받아들인다. 그러나 나 자신의 고유한 존재를 찾아 유지하기 위해서는 그런 평균적이고 대중적인 요구에 조금이라도 응해서는 안 된다. 그런 점에서 둘 사이에는 엄청난 거리가 있으며, 더욱이 그저 거리에 불과한 것이 아니라 충분히 대립적이기까지 하다.

그러나 그 대립적인 거리는 자아 중심의, 이른바 자아론적인 정황 내부에서의 일일 뿐이다. 거기에서 한 걸음 물러서서 사회역사적 삶이라는 제3의 위치에서 바라보게 되면, '나 자신만의 고유한 존재'와 '날카롭기 그지없는 맹목적인 나의 생명'은 대단히 친연적親緣的이다. 우선 둘 다 '나 자신'만의 것이라는 점에서 워낙 닮았다. 말하자면 둘 다 근본적으로 배타적인 것이다. 둘 다 내 속에 남이 들어설 여지를 전혀 허용하지 않으려 한다. 그래서 '나 자신만의 고유한 존재'라는 뜻을 지닌 '실존'에의 호소는 대단히 위험해 보인다. '실존'에의 호소는 그러한 호소를 하지 않으면 안 되는 세상의 현실, 즉 누구나 '날카롭기 그지없는 맹목적인 나의 생명'에 집착하도록 만드는 세상의 현실을 오히려 필요조건으로 삼고 있기 때문이며, 원리상 세상의 현실 자체에 대한 공격력을 전혀 갖추고 있지 못하기 때문이다.

'날카롭기 그지없는 맹목적인 나의 생명'에 집착하도록 만드는 강압적인 세상의 현실을 공격하는 데는, 배타성이라는 동일한 성격을 지닌 '무기'는 근본적으로 쓸모가 없다. 아니, 쓸모가 없는 정도가 아니라, 도리어 그 세상 현실을 정당화하는 알리바이 역할까지 한다. 차라리 제 스스로 활짝 핀 한 송이 꽃이 어떻게 거대한 하늘을 담아내는가를 정확하게 목도하고 도취한 나머지 그것을 '정신없이 보는' 일이 훨씬 더 효과적이다. 배타적이면서 맹목적이기까지 한 나의 생명, 그런 나의 생명을 확실하게 발가벗겨

보임으로써 그 허약성을 치고 들어와 압력을 가하고 협박 공갈을 일삼는 세상의 현실, 특히 자본주의적인 현실이 가장 두려워하는 것은 다름 아니라 나 자신의 울타리를 넘어선 공향유共享有이기 때문이다.

아직 '공향유'를 구체적으로 해명하지 않았지만 미리 말하자면, 하이데거의 '불안의 형이상학'이 지닌 치명적인 약점은 다름 아니라, 공향유를 염두에 두지 않았다는 데 있다. 그가 말하는 '실존', 즉 '나 자신만의 고유한 존재'에서 그 '나 자신만의…'라는 배타성을 제거하지 않고서는 공향유의 길로 나아갈 수 없다. 혹자는 하이데거가 '공존재Mitsein'로서의 인간을 제시하지 않았느냐 할 것이다. 하지만 그가 말하는 '공존재'는 '실존'을 위한 반역적인 필요조건이지, '실존'을 향한 보완의 충분조건이 결코 아니다.

공향유에 대한 철학적인 성찰이 절실히 요구된다. 그것은 무엇보다도 자본주의 현실의 체계를 근본적으로 떠받치고 있는 원리가 다름 아닌 '나 자신만의 배타적인 맹목적 생명'이기 때문이다. 오늘날 전 세계를 뒤덮고 있는 가장 무서운 '바이러스'는 바로 이러한 '나 자신만의 배타적인 맹목적 생명'을 향한 본능적인 집착이다. 하지만 이 본능의 '바이러스'를 근본적으로 퇴치할 수는 없다.

바이러스는 박테리아와는 달리 제 스스로 세포의 신진대사를 수행하지 않는다. 그래서 바이러스는 숙주 없이는 살아 있다고 할 수조차 없다. 그러니까 바이러스는 그 자체로 산 것도 아니고 죽은 것도 아니다. 환경이 불리할 경우 바이러스는 심지어 1억 년 동안이나 죽어 있다가, 환경이 호전되면 다시 살아난다고 하지 않는가. 바이러스를 죽인다는 것은 바이러스를 숙주에서 떼어 내는 것일 뿐 그 자체를 파괴하는 것이 아니다. 본래 독자적인 생명을 지닌 것이 아니기 때문이다.

'나 자신만의 배타적인 맹목적 생명'에 대한 본능적인 집착을 우리 인간 존재로부터 떼어 낼 수는 있어도 파괴할 수는 없다. 그 본능의 '바이러스'를 함부로 진짜 파괴하고자 하다가는 생명 자체를 제거해 버리는 커다란 우를 범하기 마련이다. 생명은 이미 늘 지금 여기에서 발동된다. 그런 생명은 모든 인간 활동을 위한 에너지의 공급원이요, 따라서 공향유를 위한 에너지의 공급원이기까지 하다. 그렇기에 생명은 고귀한 것이다. 그러니까 배타적인 맹목적 생명에의 본능적인 집착이라는 '바이러스'를 박멸하기 위해 지금 여기에서의 생명 자체를 부정하거나 무시하는 말도 안 되는 짓을 획책해서는 안 된다. 함부로 지금 여기에서의 생명을 부정·무시하여 내세에서의 영원한 생명을 운운한다거나 그 반대로 근본의 무無를 운운하면서 종교적인 초월을 함부로 일삼아서는 안 되는 까닭이 여기에 있다.

비유가 제대로 들어맞을지 모르지만, '배타적 생명에의 본능적 집착'이라는 '바이러스'를 숙주인 온몸으로부터 떼 내어 잠재우는 방법으로는 공향유라는 '백신'으로 그 본능의 '바이러스'를 아예 감쌈으로써 그것이 준동하지 못하도록 하는 것이 유일하다.

문제는 우리 인간에게서 공향유의 근본적인 가능성을 확립하는 일이다. 인간의 존재 자체에서, 마치 하이데거가 '죽음으로의 존재'라고 역설했을 때의 그 형식처럼 '공향유에로의 존재'를 확립해 낼 수 있어야 한다. 이를 위해서는, 직관적으로 각자의 생명에서 부각되는 배타성이 결코 근원적인 것이 아님을 밝혀내어 하나의 기초로 삼아야 한다.

생명은 몸을 바탕으로 해서 존립한다. 또한 몸은 생명을 바탕으로 해서 존립한다. 엄격하게 말하면, 인간에게서 몸과 생명은 뫼비우스의 띠와 같은 방식으로 상호 바탕의 원리에 의거해서 존립한다. 생명은 몸에게 활동의 에너지 원천으로서 바탕이 되고, 몸은 생명에게 활동의 주체로서 바탕이 된다. 생명은 그 자체로는 맹목적이지만 몸을 통해 의미와 방향을 획득한다. 몸은 그 자체로는 활동의 주체이지만 생명을 통해 그 구체성을 획득한다. 몸과 생명이 하나로 결합된 생명체가 존립할 뿐 생명 자체가 존립하는 것은 아니다. 그런가 하면, 생명체가 아닌 몸이 따로 무슨 추상적인 원리인 양 존립할 수는 없다. 따라서 몸의 존재 방식은 생명의 존재 방식과 따로 해명되어서도 안 되고, 그렇게 따로 해명될 수도 없다. 몸 이야기는 근본적으로 곧 생명 이야기인 것이다.

몸은 '지금 여기'를 벗어날 수 없다. 우리 인간은 단 한 번도 '지금 여기'를 벗어나 존립할 수 없다. 우리 인간은 '지금 여기'의 활동의 연속이자 축적이라 해도 과언이 아니다. 이처럼 우리 인간이 '지금 여기'를 지도리의 축으로 삼을 수밖에 없다는 사실은 우리 인간이 근본적으로 몸이라는 사실을 입증한다. 정신은 '지금 여기'를 벗어나 심지어 '언제 어디서나'를 향해 작동할 수 있지만, 몸은 '지금 여기'를 벗어날 길이 없기 때문이다. 정신이 '언제 어디서나'를 향한다 할지라도 '지금 여기'에서 그럴 수밖에 없다. 그것은 정신이 몸에 뿌리내리고 있음을 일러 준다. 인간은 근본적으로 몸이고, 정신 역시 근본적으로 몸이다. 그러니까 '지금 여기'는 몸인 인간 존재의 근본 형식인 것이다.

'지금 여기'에서 '지금'은 이미 늘 그 자체로 이행移行이지 순간의 정지停止가 아니다. 그래서 '지금'을 고정된 것인 양 지목한다는 것은 불가능하다. '지금!' 하고서 지목하려 하면 '지금'은 손가락이 지목하는 그 시점時點을 벗어나 버린다. 하지만 '지금'을 없다고도 할 수는 없다. 그래서 일찍이 프랑스의 시인 보들레르Charles Baudelaire, 1821-1867는 「시계L'Horloge」라는 시에서 "지금은 말한다 : 나는 이전이야"라고 읊었다. 이처럼 '지금'은 항상 자기를 넘어서서, 그렇게 자신을 넘어섬으로써 비로소 존립하는 것이다.

이를 철학적으로 정확하게 나타내는 개념이

바로 '현존現存, existence'이다. 'existence'는 'ek(바깥)+sistence(놓여 있음)'에서 'k'와 's'가 'x'로 축약되어 표기된 것이다. '현존'은 자기 바깥에 놓여 있는 존재 방식을 존재론적으로 일컫는 개념이다. 이를 '탈자적脫自的'이라고 달리 말하기도 한다. 이에 지금을 벗어날 수 없는 일체의 것들에 대해 그것들은 현존한다고 말하게 된다. 영원한 자기동일성을 지닐 수밖에 없는 신이나 플라톤Platon, 기원전 427-347이 말하는 영원불변한 형상인 이데아들은 현존하지 않지만, 지금 여기를 벗어날 수 없는 지상의 모든 것들은 현존한다. 세계의 몸인 대지에 뿌리를 내리고 있는 지상의 모든 것들은 현존한다. 그 현존의 방식이 각기 다를 뿐이다.

몸은 현존한다. 엄격하게 말해, 현존하는 것은 자기 자신의 고유한 정체성을 지닐 수 없다. 어렵게 여겨지겠지만, 현존하는 것에 대해서는 심지어 '자기 자신'이란 말을 적용하는 것조차 불가능하다. 몸 철학자인 메를로퐁티Maurice Merleau-Ponty, 1908-1961가 "몸은 이미 늘 자신이 아니다"라고 말한 것도 이 때문이다. 몸이 현존한다는 것은 몸은 이미 늘 자기 자신일 수 없기 때문에, 그리고 그렇게 이미 늘 자기 자신이 아님으로써 비로소 존립한다는 것이다.

중요한 사실은 '자기 자신이 아님'이 어떤 새로운 사태를 끌어들인다는 것이다. 참으로 말도 안 되는 것 같지만, 내가 이미 늘 남이기 때문에 비로소 나로서 존립할 수 있다는 것이다. 끝내 내가 배타적인 나만의 고유성을 고집하게 되면, 그래서 진실로 그 나만의 배타적인 고유성을 실현하게 되면, 대단히 역설적이게도 그때 나의 그 배타적인 고유성은 파괴되어 버린다. 요컨대 몸과 떼려야 뗄 수 없는 생명의 배타성이란 직관적인 통념에 의한 것일 뿐 실제로는 전혀 실체가 없는 생각에 불과한 것이다. 나의 몸도, 나의 생명도, 나 자신도 근본적인 진실에서 보자면 결코 배타적일 수 없는 것이다.

일찍이 플라톤은 『티마이오스』라는 책을 통해 '자신 속에 자기가 아닌 것이 들어 있는 것'과 '자신 속에 자기가 아닌 것이 들어 있지 않은 것'을 구별하고, 후자에 속한 이데아들만을 진정으로 존재하는 것이라 여겼다. 전자의 '자신 속에 자기가 아닌 것이 들어 있는 것'은 지금 우리가 말하고 있는 현존하는 것들이다. 현존하는 세계와 그 속에서 현존하는 사물들, 그뿐만 아니라 현존하는 내 몸도, 현존하는 내 생명도, 현존하는 나 자신도, 모두 자신 속에 자기 아닌 것이 있음으로써 그렇게 현존할 수 있는 것이다. 아니나 다를까, 프랑스의 저 유명한 시인 랭보Arthur Rimbaud, 1854-1891는 어느 편지에서 시인으로서 현존하는 사태를 직관한 나머지, "나는 남이다"라고 힘주어 역설하기도 했다.

이에 현존철학의 윤곽을 잡을 수 있다. 현존철학은 다음 몇 가지 기본 주장들을 바탕으로 해서 인생의 길을 열고자 한다. 첫째, 자신의 배타적인 고유성에 집착해서는 안 된다는 것. 둘째, 그런 집착은 현존하는 일체의 것들에 대한 진실에 어긋난다는 것. 셋째, 오히려 자신 속에서 자신이 아닌 타자를 찾아내어 그 타자를 실마리로 삼아 자신이 아닌 타인들과의 이른바 공현존共現存,coexistence의 심화와 확산을 추구해야 한다는 것. 넷째, 그 결과, 타인들과의 공현존을 함께 향유할 수 있어야 하고 그런 한에서 진정한 인간으로서의 존재를 확립한다는 것이다.

2. 공향유의 현존철학으로 본 대한민국 헌법

이러한 현존철학의 기본 주장에는 윤리학적일 뿐만 아니라 그에 따른 정치철학적인 함축이 듬뿍 새겨져 있다. 오늘날, 자본주의 체제에 의한 세계인들의 삶은 부와 권력이라는 배타적인 가치의 소유를 정점으로 삼아 알게 모르게 집중하고 있다. 배타적인 가치의 배타적인 소유에 의거한 이러한 체제를 유지하기 위해서는 필수적으로 요구되는 일이 있다. 그것은 체제 내에서 삶을 영위하는 인민들이 날카롭고 배타적인 자신의 개별적인 생명에 끊임없이 신경을 쓰면서 집중하도록 하는 일이다.

그 결과, 함께 즐길 수 있고 또 함께 즐기지 않으

면 그 의미와 가치를 발휘할 수 없는 이른바 공향유의 가치 영역들은 즐길 수 있으면 좋지만 굳이 즐기지 않더라도 크게 문제가 되지 않는 것으로 삶의 원리에서 배제된다. 그러나 배타적이고 개별적인 생명의 가치를 최종적인 가치로 인식하도록 해서 사회 전반에 날카롭게 노출시키는 한, '인류 공영'이나 '세계 평화' 등은 그저 구호에만 그칠 뿐이다. 대표적인 공향유의 가치 영역인 인문 예술의 영역이 자본주의적인 배타적이고 개별적인 생명의 원리에 의해 '식민화되고', 심지어 성애性愛를 비롯한 사랑의 영역마저 그렇게 '식민화된다' 하버마스Jürgen Habermas, 1929-가 국가와 시장이라는 체계에 의해 생활세계가 식민화되어 있다고 했을 때, 그 '생활세계'는 '인민들의 공향유를 보장하는 공현존의 보편 영역'으로 재해석되어야 한다.

진정한 인간은 자신만의 배타적이고 개별적인 생명에의 집착을 넘어서는 데서 성립한다. 각자의 생명이 그 자체로 보면 맹목적인데도 무한한 인격적 가치를 갖는다고 여겨지는 것은 그 생명에서 발원하는 에너지를 활용하여 대타적對他的인 공향유의 현존을 구가할 수 있기 때문이지, 배타적인 생명 그 자체가 무한한 인격적 가치를 가지고 있기 때문은 아니다. 만약 배타적인 자신의 생명의 에너지를 오로지 배타적인 부와 권력의 소유를 위한 방향으로만 집중한다면, 그렇게 해서 타인들의 생명 에너지마저 오로지 자신의 배타적인 생명을 위한 것으로 활용하고자 한다면, 그때 그 배타적이고 개별적인 생명은 무한한 인격적 가치를 갖기는커녕 그 자체로 악의 원천이라 하지 않을 수 없다.

자본주의 체제가 인민 각자로 하여금 배타적이고 개별적인 생명의 가치에 집중하도록 하는 것은 인민 각자의 생명을 고귀하게 여겨서가 아니다. 그것은 인민 각자가 자신의 배타적 생명을 위해 날카롭게 발버둥 치도록 하여, 그 생명력의 성과를 평균적인 양적 화폐로 바꾸어 내고, 원리적으로는 누구나 그 화폐를 '합법적으로' 배타적으로 무한정 소유할 수 있다고 하면서, 실제로는 소수의 막대한 부의 소유와 대다수 인민들의 빈곤이라는 양극화를 이끌어 낸다. 대다수 인민들이 계속해서 자신의 배타적이고 개별적인 생명에 시달리며 죽으라고 열심히 노동을 하게 만드는 악순환(물론 부유한 소수에게는 선순환)을 순조롭게 하기 위한 것이다. 노동을 통해 생산되는 재화 없이는 제아무리 많은 화폐도 아무런 가치를 지니지 않기 때문이다.

한 사회가 무엇이든지 많이 생산한다고 해서 좋은 것은 아니다. 당연한 이야기지만, 그 사회가 과연 무엇을 생산하는가가 중요하다. 한 사회에서 생산되는 것이 주로 배타적인 소유권과 점유권 및 처분권을 허용하는 재화라면, 그것은 곧 불평등과 불화 및 갈등 그리고 비인간성을 생산하는 것이다. 그 반대로, 한 사회에서 생산되는 것이 함께 즐기지 않으면 가치가 약화되고 마는, 그래서 배타적인 소유권과 처분권을 원리상 배제하고 있는 인문 예술적이고 문화적인 재화들을 주로 많이 생산한다면, 그것은 곧 평등과 평화 그리고 사랑을 바탕으로 한 진정한 인간성을 생산하는 것이다. 흥미로운 사실은 공향유의 현존철학이 제시하는 이러한 원칙들이 한편으로 대한민국 헌법에 상당 정도 반영되어 있다는 점이다.

우리 대한민국의 헌법 제1조 ①항에는 "대한민

국은 민주공화국이다"라고 명기되어 있다. 과연 무엇으로 '공화'의 내용을 삼을 것인가? 그저 국민들에 의해 선출되는 대통령과 국회의원들을 통해 유지되는 바 전제군주국도 아니고 입헌군주국도 아니라는 소극적인 정체의 형식만으로 '공화'의 내용을 채울 수 있을 것인가. 그럴 수 없다. 적극적인 방향으로 내용을 찾아야 한다. 그럴 수 있기 위해서는 사회 전반의 가치 체계가 부와 권력이라는 배타적인 소유와 처분을 허용하는 가치를 기점과 종점으로 삼는 것이어서는 안 된다. 함께 누리지 않으면 안 되는 인문·예술적인 공향유의 가치를 기점과 종점으로 삼는 사회가 되어야 한다. 거기에 형식을 넘어선 실질의 '공화'가 보장되고, 그럼으로써 정체로서의 형식마저 제대로 실현할 수 있는 길이 있기 때문이다.

  우리 대한민국 헌법 제34조 ①항에는 "모든 국민은 인간다운 생활을 할 권리를 가진다"라고 명시되어 있고, ②항에는 "국가는 사회보장·사회복지의 증진에 노력할 의무를 진다"라고 명시되어 있다. ①항에서의 '인간다운 생활'이란 과연 무엇인가? 이를 얼마나 확장해서 해석하는가에 따라 이 헌법 조항의

의의는 크게 달라질 것이며, 그에 따라 대한민국의 이른바 민주공화국으로서의 국격國格도 크게 달라질 것이다. ②항에서의 '사회보장·사회복지의 증진' 역시 마찬가지다. 국가의 업무를 책임진 자들, 특히 대통령은 물론이고 입법의 일을 맡은 국회의원들이 이 헌법 조항을 어느 정도로 심중하게 받아들여 제대로 준수하고자 불철주야 애써 노력하는가에 따라 이 헌법 조항의 의의가 크게 달라질 것이며, 그에 따라 민주공화국인 대한민국 국민들의 삶의 질 역시 크게 달라질 것이다.

왜 복지의 확대와 심화가 중요한가? 교육과 의료 및 노후의 복지가 보편적으로 확대·심화되는 만큼, 국민들은 미래의 자신의 배타적이고 개별적인 생명에 대해 불안해하지 않는다. 따라서 개별적인 생명의 유지와 강화에 자신의 생명 에너지를 소진하지 않고, 그 너머 공향유의 인문 예술적인 문화적 삶에 에너지를 투여할 여유를 확보함으로써 진정으로 인간된 삶을 추구할 수 있는 것이다. 노동을 하는 제대로 된 의미를 몸소 느낄 수 있고, 세금을 내는 제대로 된 의미를 몸소 느낄 수 있고, 그럼으로써 많은 부를 소유한 자들을 무의식에서까지 아예 부러워하지 않을 수 있고, 국민들로부터 권력을 양도 받아 정치적인 권한을 행사하는 자들의 노고를 진정으로 인정할 수 있고, 모두가 다른 국민들이 즐길 수 있는 공향유의 가치를 생산하는 것을 인정하면서 함께 즐길 수 있고, 그 결과 그야말로 진정한 '공화'의 삶을 달가워하고 즐길 수 있기 때문이다.

우리 대한민국 헌법 제23조 ②항에는 "재산권의 행사는 공공복리에 적합하도록 하여야 한다"라고 명기되어 있다. 여기에서 '재산권'은 국민 각자의 개인의 권리임에 틀림없다. 그런데 그 개인의 권리를 '공공복리에 적합하도록' 행사하여야 한다고 명기하고 있다. '공공복리에 적합하도록'이라는 조건을 법률적으로는 대단히 소극적으로 해석할 가능성이 높겠지만, 철학적인 관점으로는 가능한 한 적극적으로 해석하지 않을 수 없다. 공향유의 현존철학의 입장에서는 이 '공공복리'를 최대한 적극적으로 해석하여, 그것이 공향유의 인문 예술적 문화의 보편적인 향유에 있다고 보게 된다. 대기업들이 설립해서 운영하는 각종 비영리법인이나 문화센터 등이 그들의 배타적인 '갑질'을 은폐하는 알리바이 정도에 그쳐서는 안 된다. 굳이 예를 들자면 '간송미술관'에 버금갈 정도로 다들 공공복리를 위해 힘써야 한다. 많은 사립대학들이 그토록 비싼 등록금을 받아 수천억씩의 적립금을 쌓아 대학 운영의 목적이 사회적으로 부와 권력을 배타적으로 추구하고 행사하기 위한 것으로 비친다는 것은 헌법을 위반하는 것이다. "공공복리에 적합하도록 재산권을 행사해야 한다"는 헌법 조항이 실효적인 지배력을 갖는다면, '공공복리'가 대한민국 사회 전체를 이끌어가는 원리로서 누구나 쉽게 느끼고 확인할 수 있을 정도로 사회 전면에 부각되고 또 심화되어 있어야 한다. 과연 그렇다고 느끼는 사람들이 얼마나 될까? 거의 없다. 그렇다면, 경제사회는 말할 것도 없고 정치사회를 포함한 대한민국 사회는 대한민국이라는 국가의 존재 이유를 이미 위배하고 있는 것이다.

진정한 국가 공동체는 각자의 배타적이고 개별적인 생명들이 맹목적으로 날카롭게 서로 대립하여 서로가 서로를 침공하는 일들을 최소화하고자 노력하는 것을 과제로 삼았다. 개개인의 배타적 생명에 의거한 맹목적인 자유는 홉스Thomas Hobbes, 1588-1679의 저 유명한 '만인에 의한 만인의 전쟁 상태'로 귀결되어 그야말로 동물적인 약육강식으로 치닫게 된다. 이런 비극적인 사태를 미연에 막기 위한 것이 국가의 형성이다. 그런데 신자유주의 정책에 의한 전 세계적인 폐해를 목도하면서 알 수 있듯이 자본주의 경제 체제에 의해 시장을 중심으로 한 시민사회와 이를 조정해야 할 국가가 크게 대립하는 가운데 암암리에 사회에 대한 국가의 지배력이 현저히 약화되고 만 것이다. 그래서 대한민국의 사회는 대한민국이라는 국가를 유지하는 근본 뼈대인 헌법마저 유명무실하게 만들고 말았다.

거의 40년에 걸친 일제 강점기와 그 이후 3년에 걸친 미군정기, 그리고 이어진 40여 년의 독재정권으로 인해 '민주공화국'의 그 '민주주의'의 원칙, 즉 대한민국 헌법 제1조 ②항의 "대한민국의 주권은 국민에게 있고, 모든 권력은 국민으로부터 나온다"라는 원칙에 반하는 '국가주의'를 우리는 대단히 혐오하고 경계한다. '국가주의'는 곧 특정한 어느 누구 내지는 소수의 '독재의 지배'와 연결되고, 그때 인민으로서의 국민 개개인의 자유가 억압·말살됨으로써 공향유의 현존을 누릴 수 있는 길을 아예 차단하기 때문이다.

그러나 국가가 사회를 실효적으로 지배해야 한다고 해서 함부로 '국가주의'를 떠올려서는 안 된다. '독재 개발'이라는 말에서 알 수 있듯이, 독재자들은 국민들 개개인의 배타적이고 개별적인 생명을 근본적으로 위협하면서 국민들에게 '좀 더 잘 먹고 잘 살' 수 있기만 하면 만족하는 이른바 '경제적인 동물로서의 삶'을 강요한다. 자본주의 체제가 사회경제적으로 각자의 배타적이고 개별적인 생명을 날카롭게 노출시켜 위협을 가한다면, 독재자는 정치적으로 각자의 배타적이고 개별적인 생명을 날카롭게 노출시켜 위협을 가한다. 그 본질적인 성격은 동일한 것이다. 적어도 민주주의 국가에서 요구되는 사회에 대한 국가의 실효적인 지배는 대다수의 '인민들을 위한 for the people' 방향으로 이루어져야 한다는 전제가 있기 때문에, 현실적으로는 자본주의 일변도의 시장경제와 그에 따른 약육강식의 목숨을 건 배타적인 투쟁을 최대한 완화시키는 쪽으로 나아갈 수밖에 없는 것이다.

그래서 우리 대한민국 헌법 제119조 ②항에는 "국가는 균형 있는 국민경제의 성장 및 안정과 적정한 소득의 분배를 유지하고, 시장의 지배와 경제력의 남용을 방지하며, 경제주체 간의 조화를 통한 경제의 민주화를 위하여 경제에 관한 규제와 조정을 할 수 있다"라고 명기하고 있다. '시장의 지배와 경제력의 남용을 방지'하는 것이 국가의 또 하나의 중요한 의무인 것이다. 이를 공향유의 현존철학의 원칙으로 바꾸어 번안하면 "배타적이고 개별적인 생명의 노골적인 지배와 그에 따른 배타적인 부와 권력의 소유의 남용을 방지해야 한다"이다. 그리고 그래야 하는 숨겨진 목적은 "모두가 서로의 공향유의 현존을 위한 생산과 향유를 둘러싼 자유를 인정하며, 그 공향유의 자유를 통한 참된 인간성의 실현을 기해야 한다"이다.

3. 메르스 사태로 본, '아무도 하지 못한 말'의 발설

 이제 이 정도의 철학적인 개념적인 장치들에 대한 앎을 바탕으로, 그리고 그것이 대한민국의 헌법과 어떻게 일맥상통하는가에 대한 앎을 바탕으로 메르스 사태에 접근해 보기로 하자.

 드디어 메르스 사태의 종식이 사실상 선언된 셈이다. 186명의 확진 환자들이 죽음의 문턱을 왔다 갔다 하면서 공포와 불안에 시달렸고, 그중 36명이 목숨을 잃었다. 그리고 전염을 원천 차단하기 위해 총 16,693명의 격리자들이 적어도 14일 동안 감옥에 버금가는, 또는 그 이상의 시간을 보냈다. 그 와중에 의료진들은 전염의 불안과 공포를 무릅쓰고서 환자의 진료와 치료에 전념했다. 환자 가족은 물론이고 격리자들과 의료진들의 가족과 친지 및 지인들 역시 불안과 공포로 전전긍긍해야 했다.

무엇보다도 놀라운 것은 대한민국 사회 전체가 불안과 공포에 휩싸였다는 사실이다. 방제 마스크와 손 소독제가 동이 나고, 길거리에 마스크를 쓰고 나오고, 사람들이 많이 모이는 곳이면 어디든지 기피하고자 하는 생명 보존에의 본능이 발휘되었다. 서로가 서로를 잠재적인 메르스 환자로 인식했던 것이다. 따라서 당연히 국가 기관 전체가 메르스 바이러스로 인한 불안과 공포로 휩싸였다.

그동안 조류독감 바이러스나 구제역 바이러스 등이 확산되면 가금과 가축들을 잔인무도하게 대대적으로 '살처분' 하곤 했다. 하지만 그 바이러스들이 인간들에게까지 전염되는 일은 매우 드물기 때문에 불안과 공포가 근본적이지는 않았다. 그런데 이번 메르스 바이러스의 한국 내의 확산은 아예 처음부터 사람들의 목숨을 겨냥한 것이었다. 당연한 이야기지만, 그렇다고 해서 환자로 확진되었다거나 전염되었을 가능성이 높다고 해서 가금이나 가축처럼 환자들과 격리자들을 이른바 '살처분' 할 수는 없다. 오히려 죽음의 바이러스를 확산시키는 숙주로 최종 확인되었거나 그런 숙주일 가능성이 높은 사람들을 살려 내는 것이 목표였다. 그런데 그 사람들을 살려 내고자 하다 보니 모든 사람들이 죽음의 바이러스를 확산시키는 잠정적인 숙주로 인식되었고, 그럼으로써 불안과 공포가 사회 전체를 뒤덮었던 것이다.

좀처럼 경험하지 못했던 섬뜩한 현상이었다. 그 누구도 예외인 양 벗어날 수 없는 보편적인 불안과 공포의 사회적인 확산, 이 드문 현상을 직접 체험하면서 이른바 '인간의 조건' 내지는 '사회의 조건' 또는 '국가의 조건'에 관한 철학적인 성찰을 하지 않을 수 없다. 불행 중 다행으로 메르스 사태의 실질적인 종식으로 나아가는 과정을 통해 그토록 심각했던 사회적인 불안과 공포가 가시기 시작했다.

그런 와중에 국정원에서 원격조종 해킹 프로그램을 매입하여 불법으로 활용한 사건이 터져 사회정치적인 바이러스에 의한 불안이 현안으로 부각되었다. 그러자 메르스 사태, 즉 자연생명적인 바이러스에 의한 대대적인 불안과 공포의 사회적인 확산으로 국가 전체가 마비되는 것 같았던 긴급 사태가 갑자기 강력한 망각의 기제에 흡입되고 말았다.

    한국 사회의 망각에 대한 집착은 본능적이라고 해도 과언이 아닐 정도로 그 속도와 강도가 높다. 이는 불행과 불안 또는 죄악과 범죄 등을 제대로 맞닥뜨려 비판적으로 성찰할 자신이 없다는 것을 반증한다. 그리고 그 비판적인 성찰에 따른 구체적인 법과 제도 및 실천을 수행할 자신이 없다는 것 또한 반증한다. '국정원에 의한 선거 개입', '세월호 사건', '성완종 정치자금 뇌물 사건', 그리고 현재 진행 중인 '국정원 원격조종 해킹 프로그램 사건' 등이 줄을 잇는 이유도 사회적인 망각 시스템이 작동하고 있기 때문이다. 지금 주제가 되고 있는 메르스 사태도 '재수 없는 기화奇禍'에 불과할 뿐이라는 식으로 국가적으로, 심지어 사회적으로 망각되고 있다. 불행한 진실일수록 더욱 심중하게 기억해야 한다. 그래야만 미래의 불행을 막을 수 있는 역량을 갖추게 된다. 잊지 말자는 취지의 그 수많은 기념식 또는 추념식이 오히려 확실하게 망각의 알리바이가 된다는 점을 놓쳐서는 안 된다. 메르스 사태에서 그야말로 양면의 얼굴을 지닌 몇몇 양상이 다음과 같이 드러났다.

첫째, 우리 인간의 자연적 생명이 공현존적共現存的이면서 동시에 배타적排他的인 개별성을 띤다는 사실이다. 우선 메르스 바이러스의 강력한 전염력으로 인해 각자의 그 배타적이고 자연적인 생명이 결코 배타적인 것이 아니라 근본적으로 서로에게 엮어 있어 따로 떼 내기가 결코 쉽지 않으며, 모두의 자연적 생명이 공현존적이어서 보편적인 성격을 띤다는 것이다. 하지만 그렇기 때문에 오히려 자신 외에 다른 모든 사람들을 자신의 생명을 앗아갈 수도 있는 잠정적인 공격자로 인식함으로써 각자의 배타적이고 개별적인 생명성이 얼마나 섬뜩할 정도로 무서운 본능인가를 여지없이 드러냈다.

둘째, 배타적이고 개별적인 생명에의 본능적인 욕망을 충족하기 위해서는 각자가 가족이나 친지들 및 지인들을 아랑곳하지 않고, 자신의 생명 보존을 위해서 스스로 노력하지 않으면 안 된다는 사실이 노골화되었다는 것이다. 그와 동시에 진정 각자의 배타적이고 개별적인 생명을 보존한다는 것이 자신의 힘만으로는 결코 불가능하고, 사회 전체가 서로를 공존공멸의 공동 운명을 지닌 것으로 여겨 최대한 힘을 끌어 모아 대처하지 않으면 안 된다는 것이다. 요컨대, 죽음에 있어서나 생존에 있어서나 단독적인 개별성과 공현존의 보편성이 동시에 강력하게 부각된 것이다.

하이데거는 폭탄의 폭발에 의해 한꺼번에 많은 사람들이 죽는다고 할지라도 결국 죽음이란 각자가 죽는 것임을 강조했다. 이는 그가 나만의 고유한 존재인 '실존'이 각자성各自性, Jemeinigkeit을 띤다고 역설한 것과 직결된다. 죽음의 근원적인 각자성과 진정한 존재, 즉 진정한 삶의 각자성이 쌍을 이룬다는 것이다. 그러나 메르스 사태는 타인들의 죽음 또는 죽음의 가능성이 나의 죽음이나 죽음의 가능성을 높이고, 타인들의 생존 또는 생존 가능성이 나의 생존이나 생존의 가능성을 높인다는 사실을 여실히 보여 주었다. 카뮈Albert Camus, 1913-1960는 소설 『페스트』를 통해 '오로지 질병밖에 없는 오랑 시'의 그 절망적인 부조리에 대해, 자신의 목숨을 걸고서 환자의 치료와 전염의 차단을 위해 고군분투하듯이 저항하는 주인공인 의사 리외Rieux를 영웅적으로 그려

냈다. 의사 리외가 마치 정점에서 굴러 떨어지는 바위를 반복적으로 끌어올리듯, 부조리한 것이긴 하지만 그래도 그런 저항적인 행동을 할 수 있었던 것은 인간의 죽음과 생존이란 공현존적인 것으로서 근본에서부터 함께 묶여 있는 것이라는 믿음 때문이었다. 카뮈의 사상을 하이데거류의 '실존주의'로 분류하는 것이 크게 잘못된 것임이 여기에서 드러난다.

메르스 사태가 발생하여 계속 확진 환자의 수가 늘어나는 가운데 국내뿐 아니라 국외의 눈과 귀도 우리나라의 메르스 사태의 추이에 집중되었다. 그 와중에 누구나 그럴 수밖에 없음을 알고 있지만 기묘한 함축된 의미를 지닌 조처가 있었다. 그것은 확진 환자들의 이름을 전혀 밝히지 않고 그들을 '1번 환자', '14번 환자', 또는 '마지막 186번 환자' 하는 식으로 지칭함으로써, 지칭은 하되 그 배타적인 고유한 정체성을 지목하지 않는 조처를 취한 것이다. 흔히 고유명사라고 불리는 이름은 말 그대로 각자의 단독적인 자기만의 고유한 존재를 지목하는 것이다. 그런데 그 이름을 지워 버리고 그 대신에 1번, 2번, 3번… 등으로 부름으로써, 감옥의 수용자들을 번호로 불러 비인간성을 부각시키듯이 확진 환자 역시 인간으로 불릴 자격이 없는 것처럼 비인간적인 탈색의 조처를 취한 것이다. 그러나 실제로 그 조처는 비인간적인 탈색의 조처가 아니라, 확진 환자의 이름이 밝혀짐으로써 그 확진 환자가 주변의 지인들로부터 인간이 아니라 그들을 죽음으로 끌고 갈 바이러스의 숙주에 불과한 존재로 취급될 위험성을 고려한 것이다. 말하자면, 이 '번호 붙여 부르기'의 조처는 확진 환자가 지닌 공현존의 사회적인 존재로서의 인간성을 보호하기 위한 것이다. 만약에 각자의 존재가 그야말로 배타적이고 개별적인 생명에 입각한 것이라면, 굳이 이렇게 사회적으로 '번호 붙여 부르기'의 조처를 취할 필요가 없다.

직관적인 통념에 의하면, 각자가 배타적이고 개별적인 생명과 그에 따른 단독적인 고립과 고독을 바탕으로 하이데거적인 의미의 '실존'의 삶을 추구해야 할 것 같지만, 그럼으로써 각자의 고유한 존재를 휩쓸어 평균적으로 양화量化시키는, 특히 자본주의적인 사회적 존재를 부정하고 극복할 수 있어야 할 것 같지만, 그렇게만 해서는 오히려 진정 자신의 고유한 자유로운 존재를 확립할 길이 막혀 버린다.

　죽음이 죽음을 부르고 생명이 생명을 강화하는, 서로가 서로를 불신하면서 동시에 서로가 서로를 믿지 않으면 안 되는 특별한 모순의 위기가 모두의 현존의 삶을 덮쳐누를 때에는 단독적인 고립과 고독은 인간적인 자유가 아니라 곧 비인간적인 절망 자체인 것이고, 양화해서 평균화된 방식으로나마 고립과 고독을 피하여 사회적 존재로서 노출될 때 오히려 자유를 향한 희망을 갖게 되는 것이다.

　여기에서 우리는 대단히 중요한 철학적 내지는 존재론적인 인간학의 실마리를 얻게 된다. 죽음과 생명이 제아무리 각자의 몫이라 할지라도, 그 인간으로서의 의미는 공현존에 입각한 사회적 존재를 확보하지 못하는 한, 또 그런 만큼 현저히 삭감되고 만다는 것이다.

　흔히 나 자신만의 고유한 삶에서부터 주어지리라 여기는 자유 역시 그러하다. 자유는 속된 말로 '맨 땅에 머리를 처박듯이' 무전제의 상태에서 성립하는 것이 아니라, 타인들과의 공현존에 의거한 근원적인 현실 상황 속에서만 성립하고 의미를 갖는다는 것이다. 타인들이 있어야만 그 타인들을 부정할 수 있고, 또 그런 부정을 통해서라야만 개인의 자유가 성립한다는 소극적인 의미에서가 아니다. 나의 자유와 현실 상황과의 관계는 적극적이고 상호 긍정적인 되먹임feedback의 관계에 놓여 있다. 나는 타인들과의 공현존의 현실 상황을 적극적으로 긍정하고, 현실 상황은 내가 그 현실 상황을 적극적으로 긍정할 수 있도록 일체의 지배 관계를 배제함으로써 나를 긍정할 수 있어야 한다. 나와 현실 상황 간의 상호 긍정적인 되먹임의 가능성을 현실화하는 것이야말로 불구의 왜곡된 자유에 불과한 '고립과 고독의 배타적인 자유'를 넘어서서 진정한 자유인 '공현존에 의거한 공향유의 자유'를 넘쳐나게 하는 확실한 길이다.

우리는 보았다. 매년 수조 원의 매출을 올리는 나머지 엉뚱하게도 마치 병원 운영의 모델일 뿐만 아니라 심지어 귀감인 양 여겨졌던 삼성서울병원이 죽음과 생명을 둘러싼 모두의 근원적인 공현존이 노골적으로 드러나는 위기가 닥치자 사람을 치료하고 살리기 위한 병원이 아니라 오히려 사람을 죽음으로 내모는 진원지가 되고, 그 상황에서 도무지 길이 없어 잠정 폐쇄되는 사태를 말이다. 그 대신 평소에 그다지 주목을 받지 못하던 국립의료원이 적극 나섬으로써 그나마 사태를 진정시켜 죽음의 절망과 불안으로부터 생명에의 희망과 안심으로 나아가게 하는 원동력이 되는 것도 지켜보았다.

나 자신만의 배타적인 이해 관계에 몰두하는 한, 그것이 자본주의적인 이윤 중심의 태도와 행동이 되었건 '실존' 운운하는 철학적인 태도와 행동이 되었건, 그 심층에는 이미 늘 죽음의 절망과 불안이 도사리고 있는 것이다. 진정한 생명에의 희망과 평화로운 마음으로 나아가기 위해서는 배타성을 부정하고 극복하여 공현존에 의거한 공향유의 길로 나아가지 않으면 안 된다. 특히 법과 제도를 만들고 개변하고 운용하는 국가 정치가 그러해야 한다. 국가 정치는 자본주의적인 시장에서부터 주어지는 배타적인 이윤과 이익에 입각하여 행해지는 압박과 위협을 철저히 방어해 낼 수 있어야 한다. 헌법 제119조 ②항 "국가는 균형 있는 국민경제의 성장 및 안정과 적정한 소득의 분배를 유지하고, 시장의 지배와 경제력의 남용을 방지하며, 경제주체 간의 조화를 통한 경제의 민주화를 위하여 경제에 관한 규제와 조정을 할 수 있다"에 입각한 공정거래에 관한 법률을 "재산권의 행사는 공공복리에 적합하도록 하여야 한다"라는 헌법 제23조 ②항을 심중하게 염두에 두고서 대폭 강화해야 한다. '공공복리'라는 말에 함축되어 있는 바, '배타적인 각자의 자유'를 넘어선 '공현존에 의한 공향유의 자유'를 최대한 반영할 수 있어야 한다. 그런 입법의 노력을 통해 타인들과의 공현존이 불가피한 현실 상황을 한 사람이라도 더 많이 더 적극적으로 긍정할 수 있도록 해야 한다.

우리는 보았다. 의사와 간호사를 비롯한 의료진들이 자신들의 목숨을 아랑곳하지 않고 확진 환자들을 살려 내기 위해 불철주야 노력하는 모습을 말이다. 그런 의료진을 만나지 않았더라면 질병으로 인해 때 이른 죽음을 면하지 못했을 환자가 기력을 회복하여 정상적인 일상생활을 할 수 있게 되었을 때, 그 의료진과 치유된 환자 사이에 형성된 '공현존에 의거한 공향유의 자유로운 관계'는 얼마나 고귀한 것이던가. 그런데 만약 그 고귀한 '자유로운 관계'가 그럴 리야 없겠지만, 의료진 개인의 돈벌이를 위한 것이었다거나 그가 소속된 병원의 이윤을 올리기 위한 것이었음이 드러나는 순간, 그 비극적인 심정은 애써 억누르고자 할 수밖에 없는 참담함으로 귀결될 것이다. 그런데 이번 메르스 사태를 통해 의료진들은 그런 개인적이거나 집단적인 돈벌이 이해관계와는 무관하게, 그야말로 죽음을 사양치 않고 환자를 살려 내야 한다는 본연의 의무에 집중하지 않으면 안 되었던 것이다. 우리 모두 찬사를 보내야 마땅하거니와, '공현존에 의거한 공향유의 자유'에 입각한 생명 활동이 얼마나 귀중한 것인가를 새삼 느껴야 한다.

결국 우리는 보았다. 자본주의가 배타적이고 개별적인 각각의 생명을 '발가벗겨' 먹잇감으로 놓고, '진흙밭에서 개들이 싸우듯이' 서로를 발라먹기 위한 치욕스런 투쟁을 하도록 만드는 것을. 그리고 그런 치욕스런 투쟁 관계를 최대한 제거하는 데 힘을 쏟아야 할 국가의 정치적 장치들이 오히려 그런 치욕스런 투쟁 관계에 함께 끌려가 버린 듯 권력 투쟁에 몰두해 온 탓에, 국가의 정치적 장치들이 얼마나 무능하고 비겁하고 그래서 위험하기 짝이 없는 것인가를 말이다.

민주공화국인 대한민국이 첨단의 자본주의에 의

거해 작동하는 대한민국이라는 사회와 그런 사회에 의해 배타적인 자신만의 생명과 존재를 강력하게 추구하고 누리는 사회적인 소수 지배자들에 의해 '식민화되고'만 것이다. 통치자인 대통령직을 맡은 자나 그 휘하의 장관직을 맡은 자들, 그리고 정치가라는 이름으로 입법 활동과 정부나 법원의 활동을 감시·견제해야 하는 국회의원직을 맡은 자들은 '오로지 국민만을 바라보고', '국민이라면 그 누구도', '국민들의 뜻에 따라' 등의 겸연쩍기 이를 데 없는 문구들을 예사로 남발한다. 그때 그들에게 '국민'은 서로를 발라먹기 위해 가능한 모든 수단과 방법을 동원하는, 철저히 배타적이고 개별적인 생명을 추구하는 국민인가, 아니면 함께 평등과 평화를 이루어 '공화'의 공향유의 자유를 누리고자 하는 국민인가? 전자의 성격을 지닌 국민을 의식적 또는 무의식으로 염두에 두고 있다면, 그런 정치가들의 발언은 겉으로 들리는 것과는 달리 그 자체로 일종의 죄악이다.

정치가들은 배타적이고 개별적인 생명에 집중하도록 하는 자본주의 대한민국 사회에서 그와 같이 철저하게 배타적인 이익에 몰두하는 국민이 절대의

선이 아님을 항상 염두에 두어야 한다. 이는 언론 종사자들도 마찬가지다. 철학을 하는 입장에서 도무지 이해할 수 없는 사실 중의 하나는 정치가건 언론 종사자건 또는 심지어 지성인을 대표하는 교수직의 논객들조차 국민들의 여론을 마치 그 자체로 절대적인 선인 양 받아들인다는 것이다. 여론조사에 임하는 피조사인인 국민들 각자가 어떤 입장의 이해관계에 따라 어떤 수준의 판단 능력에 따라 어떤 척도로 응답하는가와 거의 무관하게, 어떤 사회정치적인 사안에 대해 최종적인 여론조사 결과만을 놓고서 갑론을박하는 모습을 보면서, 나는 그에 대한 정당성 여부를 점검하고자 한다.

그러한 국민들, 그러한 국민들의 판단 능력과 입장 등을 국가적으로 어떻게 자신 있게 교육했기에, 그리고 국민들에게 가해지는 정의롭지 못한 사회적인 억압과 강압을 얼마나, 어떻게 제거했다고 확신하기에 그와 같이 무조건 '국민 추수적인' 태도를 취할 수 있는 것인지 이해할 수 없다. 악순환이다. 국민들이 배타적이고 개별적인 이해관계에 몰두하도록 사회의 여건을 오히려 강화해 놓고서, 그런 배타적인 이해관계에 본능적이고 무의식적으로 강압되는 국민들의 의견을 최종적인 선의 척도로 여긴다는 것은 있을 수는 없는 일이다.

시인 김수영金洙暎, 1921-1968은 「시여, 침을 뱉어라」라는 글에서 "시도 시인도 시작하는 것이다. 나도 여러분도 시작하는 것이다. 자유의 과잉을, 혼돈을 시작하는 것이다. 모기소리보다도 더 작은 목소리로 시작하는 것이다. 모기소리보다도 더 작은 목소리로 아무도 하지 못한 말을 시작하는 것이다. 아무도 하지 못한 말을. 그것을…"이라고 했다. 정치인들을 비롯한 여론 형성을 주도하는 인물들은 국민들의 다수 의견이라 할지라도 그것이 특히 배타적이고 개별적인 생명과 그에 따른 배타적인 이해관계에 강압된 결과일 경우 얼마든지 잘못된 것일 수 있음을 말할 수 있어야 한다. '아무도 하지 못한 말'이라고 해서 '해서는 결코 안 되는 말'이라거나 '하게 되면 잘못된 말'이라고 여겨서는 결코 안 된다. '아무도 하지 못한 말'은 '분명히 해야 하는 말'인데도 사회적으로 억압을 받아 '아직 못하고 있는 말'이다.

이번 메르스 사태가 바로 그러한 '아무도 하지

못한 말'에 속하는 말을 직, 간접적으로 하게 만들었다. 그러니까 자본주의적인 배타적이고 개별적인 생명에 어떤 형태로든 집착해서는 안 된다는 말, 사회적인 공현존에 의거한 공향유의 삶과 존재를 최고도의 가치로 삼아 정치를 비롯한 모든 사회 활동들이 이루어져야 한다는 말, 특히 인문 예술적인 문화적인 공향유의 영역의 심화 확대를 국가와 사회의 긴급한 현안으로 삼아야 한다는 말, 그럴 수 있기 위해서는 특히 자연적 생명에 관련되는 의료와 사회적 생명에 직결되는 교육 그리고 무덤에 이르기까지의 노후 생활을 불안해하지 않을 수 있는 노후 보장책 등을 국가가 무상으로 제공할 수 있어야 한다는 말, 앞으로 가능한 한 모든 병원들과 대학들을 국립으로 거두어들여야 한다는 말, 또 그럴 수 있기 위해서는 세계 자본주의의 배타적인 위세를 떨치면서 군산복합체의 이윤을 위해 작동하고 있는 미국의 군사외교적인 지배에서 벗어나야 한다는 말, 더욱이 우선 남북분단을 극복하는 데 주도권을 잡기 위해서라도 국가보안법을 폐지해야 한다는 말 등을 말이다. 이들 '아무도 하지 못한 말'은 사실 그동안

많은 사람들이 해 왔던 말들이다.

이 말들을 관통하는 핵심은 '사회적인 공현존에 의거한 인문 예술적인 문화적 평화와 평등에 의해 이루어지는 지배 없는 공화의 자유로운 삶의 추구'이다. 이 말의 가치를 이번 메르스 사태를 통해 더욱 절실하게 확인하게 된 것이다.

4. 인문민주주의의 제안

이제, 메르스 사태가 일러 주는 사회정치적인 새로운 세상을 향한 계시와 같은 전언(傳言)을 바탕으로 이른바 '인문민주주의'를 제안하고자 한다. 그 내용은 다음과 같다.

1. 인간들이 모여 정치사회를 형성하는 이유는 동물적인 생존을 넘어서서 새로운 가능성을 향한 인간 고유의 역량을 보편적으로 그리고 실질적으로 향유하기 위한 것이다.

1.1. 새로운 가능성을 향한 인간 고유의 역량이

최고도로 집중되어 나타나는 것이 무엇인가를 결정하는 데서 인간 삶의 궁극적인 형태가 결정된다.

1.2. 역사적인 직관에 의거해서 볼 때, 인간 고유의 역량이 최고도로 집중되어 나타나는 인간 삶의 궁극적인 형태는 바로 인문 예술적인 삶이다.

1.2.1. 인간을 인간이게끔 하는 정치사회 형성의 원리적인 가능성은 인간 두뇌에 입각한 인간 몸 전체가 갖는 탁월한 가소성可塑性에서 주어진다.

1.2.1.1. 인간 몸의 탁월한 가소성에 의거한 인간 존재의 탁월한 가소성은 원리상 그 방향이 결정되어 있는 것은 아니다.

1.2.2. 인간 존재의 탁월한 가소성이 발휘되어 실제 역사에 있어서 이룬 인간 삶의 성과이자 향후 인간 삶을 인간 특유의 것으로 지속적으로 가능케 하는 것이 무엇인가를 살펴야 한다. 그럴 때, 최종적인 결론으로 나서는 것이 바로 인문 예술적

삶이다.

1.3. 생명적인 차원에서 요구·관철되는 이른바 의식주를 둘러싼 인간 삶의 영위는 인문 예술적 삶을 위한 조건일 뿐 그 자체로 인문 예술적 삶이 될 수는 없다.

1.3.1. 인간 존재는 생명적 차원을 넘어서는 데서부터 시작된다. 따라서 인간 존재를 생명적 차원에 묶는 일체의 사회적인 조건들을 혁파하지 않으면 안 된다.

1.3.1.1. 자본주의 체제가 정당하지 못한 것은 인간 존재를 생명 차원에 묶어 둠으로써 대다수의 인민들을 생존 본능에 묶인 동물적 존재로 전락하게 만들지 않고서는 유지될 수 없기 때문이다.

1.3.1.2. 자본주의 체제는 생명적 삶의 안정성 정도, 상대적인 차별의 정도, 배타적인 욕망 충족에 의한 자기기만적인 존재감의 정도 등을 미끼로 삼아

인민들의 모든 노동과 의식을 위계화함으로써 끝없이 인민들을 인간 고유의 존재의 발양인 인문 예술적 삶으로부터 격리시킨다.

1.3.2. 생명을 인간 존재 및 우주 존재의 근본적인 원리로서 고취하는 일체의 사상들은 자본주의 체제를 온존시키는 데 기여하는 이데올로기다.

1.3.2.1. 생명을 위계화하여 그 정점에 인간 생명을 두는 사상은 특별히 경계해야 한다. 인간 존재는 인간 생명의 특이성에 의거한 것이 아니라, 일체의 생명 차원 자체를 넘어서는 데서 성립하기 때문이다.

1.3.2.2. 인간 생명이 지닌 유한성을 역용逆用하여, 이른바 영생 내지는 윤회 운운하는 바 생명의 영원성을 미끼로 삼는 일체의 종교적인 사상들은 인문 예술적 삶에 대한 청량제에 그치지 않고 말 그대로 인간 존재를 근본적으로 파괴하는 독이다.

1.3.2.3. 진화론은 인간 존재를 생명적 차원에 묶

어 두는 핵심적인 역할을 한다. 따라서 진화론에 근거를 둔 일체의 생명 사상들은 인간 존재에 대한 생물학적인 기본 조건을 밝히는 데 도움이 될 수 있지만, 그럼으로써 인간 존재를 생명적 차원에 묶어 두는 한 오히려 인간 존재의 고유성을 확인하는 데 방해가 된다.

1.3.2.4. 인간 존재를 생명적 차원에 묶어 둠으로써 유지·강화·확장되는 자본주의 체제는 생명체들 간에 이루어지는 약육강식의 생존 투쟁을 당연하게 여기고, 따라서 인간 이외의 생물체들이 인간 생명의 유지·확장을 위한 당연한 수단에 불과하다고 여기도록 한다. 여기에서 생명 사상의 역설이 나타난다. 생명을 강조하면 할수록 결국 인간 생명을 중시하게 되고, 그 결과 인간 존재를 생명 차원에 묶어 두게 되고, 그럼으로써 자본주의 체제를 미필적 고의로 강화하게 되고, 결국 인간 이외의 생명체들의 생명을 인간 생명과 동등한 것으로 여겨 인간 생명의 확장을 자제하고자 하는 스스로의 의도를 배반하게 된다. 부연하자면, 생명 차원

을 넘어선 인문 예술적 삶이야말로 인간 존재의 고유성을 최고도로 표현하는 형태로 볼 경우, 인간 존재를 생명 차원에 묶어 둠으로써 유지·강화되는 자본주의 체제의 질곡에서 벗어나게 되고, 그럼으로써 오히려 생명적 환경을 온전하게 보존할 수 있는 길이 열린다.

2. 가치는 인문 예술적인 삶을 지향·도모·심화·확장하는 것에 기여하는 데서 성립한다.

2.1. 상품 생산에서 관철되는 가치 개념은 지양되어야 마땅하다.

2.1.1. 상품의 가치가 그 상품을 생산하는 데 투입된 '사회적 필요 노동시간'에 의해 결정된다고 하는 것은 사회적 생산력의 전반적인 수준을 총괄적인 변수로 해서 상품의 가치가 결정된다는 것을 달리 표현하는 것일 뿐이다.

2.1.1.1. '투입된 사회적 필요 노동시간 = 상품의

가치'라는 등식은 사회적 생산력이 실제로 어떤 것들을 생산하는 생산력인가를 전혀 고려하지 않는다. 말하자면, 여기에서 상품의 가치는 상품 시장의 복합적인 교환의 기계적인 메커니즘을 전제로 한 것일 뿐 그 자체로 흔히 생각하는 바 욕망을 충족시키는 데서 성립하는 실질적인 가치를 제대로 표현할 수 없다.

2.1.1.2. 상품의 가치에 사용가치가 필수적인 구성 요소로서 작동한다고 할 때, 결국에는 그 사용가치마저도 상품의 가치를 생산하는 데 필요하다는 것으로 수렴된다. 공장 설비, 기계, 원료, 동력 등이 사용가치를 갖는 것은 물론이고, 흔히 소비에 따른 사용가치로 알고 있는 것도 결국에는 노동력을 유지하는 데 필요하다는 점에서 사용가치를 갖는다. 따라서 상품의 가치에 필수적인 구성 요소로 포함되어 있는 상품의 사용가치는 결국 상품의 가치를 생산하는 것으로 수렴·회귀하는 것이다. 이는 사용가치마저도 결국에는 시장의 복합적인 교환의 기계적인 메커니즘에 포섭된다는 것을 의미한다. 상품

의 가치를 구성하는 필수적인 요소인 교환 가치는 말할 것도 없다.

2.1.2. 상품 생산에서 관철되는 가치 개념은 일체의 가치가 시장의 복합적인 교환의 기계적인 메커니즘에 포섭된 것으로 여기도록 할 뿐만 아니라, 그럼으로써 일체의 가치가 실제로 시장의 복합적인 교환의 기계적인 메커니즘에 포섭되도록 한다.

2.1.2.1. 시장의 복합적인 교환의 기계적인 메커니즘은 원칙상 인간의 삶에 기여하는 것을 목적으로 삼아야 하는데도, 그 본성상 스스로 돌아가는 맷돌로서 인간 존재 및 인간 존재가 그 고유성을 발휘하는 데 필요한 조건들 전체를 그 속에 집어넣고 갈아내어 상품 가치로 바꾸어 낸다. 그런데 그렇게 생산된 상품 가치 전체는 결국 스스로 돌아가는 맷돌을 더욱 크게 만드는 동력으로 작동함으로써 맹목적으로 자기 확대되는 순환의 메커니즘이다.

2.1.3. 맹목적 자기 확대를 기하는 시장의 복합

적인 교환의 기계적 메커니즘은 다름 아니라 자본이다.

2.1.3.1. '상품 가치의 지배⊣(=)시장 메커니즘⊣(=)자본⊣(=)상품 가치의 지배⊣(=)'로 이어지는 벡터적인 순환 등식이 성립할 수 있는데, 이 등식을 가능케 하는 근본적인 동력은 바로 노동이다. 자본을 죽은 노동이라고 한 것은 이를 정확하게 나타내기 위한 것이지만, 산 노동이 계속해서 죽은 노동으로 변전하는 점을 감안할 때, 그리고 이 벡터적 등식의 위력에서 볼 때, 산 노동은 잠재적으로 이미 죽은 노동이다.

2.1.4. 자본주의 체제의 근본적인 문제는 인간 노동을 잠재적으로 이미 죽은 노동이게끔 하는 데 있지 않다. 그 근본적인 문제는 인간 존재를 노동 자체에 종속되도록 하는 데 있다.

2.1.4.1. 노동은 인간 삶의 기본 조건인 생명을 유지·강화하는 데 필수적인 것이지, 그 자체로 생

명 너머의 인간 고유의 삶을 유지·강화하는 것이 아니다.

2.1.4.2. 노동가치설은 마치 모든 인간 삶의 가치가 노동 자체에서 비롯되는 것으로 오인하게끔 하는 부작용을 한다. 노동가치설은 상품의 가치가 노동에서 비롯된다는 것이지, 생명 너머의 인간 고유의 삶을 가능케 하고 또 그런 인간 고유의 삶을 통해 생산되는 가치가 노동에서 비롯된다는 것이 결코 아니다.

2.1.4.3. 자본주의 체제의 근본적인 폐해는 1)인간 고유의 삶을 위한 기본 조건인 노동을 맹목적인 자본의 수단으로 전적으로 변화시킨 것, 2)인간 존재를 오로지 노동하는 존재로 규정하고, 생명 차원에 묶어 둠으로써 생명 너머의 인간 고유의 삶을 원리상 불가능하게 한 것, 3)일정하게 인간 고유의 삶의 여지를 남겨 놓는다 할지라도 그 인간 고유의 삶을 마치 인간 존재에 있어서 불요불급한 부수적인 자투리에 불과하다고 여기게 한 것 등이다.

2.1.5. 자본에 대한 적대적인 힘은 노동이 아니다. 노동은 자본에 대한 변증법적 모순에 의한 동반자로서 작동할 가능성이 매우 크다. 자본에 대한 적대적인 힘은 인문 예술적 삶이다. 인문 예술적 삶은 자본을 가능케 하는 노동 그 너머의 것이기 때문이다.

2.2. 가치는 그 개념 자체만으로도 인간 행동의 방향과 강도, 즉 인간 삶의 방향과 그에 따른 인간 삶의 강도에서의 질을 결정한다.

2.2.1. 인문학의 본령은 가치의 방향을 결정하고, 그 방향에 따른 가치를 생산하고, 그 가치가 사회 전체적으로 확산·향유될 수 있는 길을 모색하고, 그러한 가치가 생산·확산·향유되는 것을 방해하는 일체의 요인들을 적발하여 그 요인들을 무력화할 수 있는 방법을 찾아 실천할 수 있는 길을 모색하는 것이다.

2.2.2. 인문학은 정치와 경제를 앞서서 선도해야 할 권리와 의무를 갖는다.

2.2.2.1. 경제는 인문학이 향도해 나가는 인문 예술적인 삶을 위한 기본 조건들을 생산·유통·소비하는 데 도움이 되는 일체의 행위를 일컫는다. 경제는 인문 예술적 삶을 위한 기본 조건인 생명 유지·강화의 조건들을 마련하는 것으로 그쳐야 한다. 그 이상의 과제를 설정하여 부 자체를 가치의 근원인 양 오인하도록 해서는 안 된다.

2.2.2.1.1. 경제적 행위는 우선 인문 예술적인 삶을 위한 일체의 선차적인 기반을 생산·제공하는 것을 목표로 삼고, 나아가 인문 예술적인 삶의 심화·확장을 돕기 위한 조건들을 생산·제공하는 것을 목표로 삼아야 한다. 경제를 상품 생산과 상품 생산에 포섭되어 있는 잉여가치의 생산을 중심으로 파악하는 것은 자본주의 체제에 대한 분석에 한에서일 뿐 경제 일반을 바탕으로 한 것이 아니다.

2.2.2.1.2 잉여가치를 생산하는 노동에 의한 생산적인 경제 행위와 잉여가치를 생산하지 않는 노동에 근거한 비생산적인 경제 행위를 구분하는

것은 경제적 행위가 인문 예술적 삶을 목표로 삼아 이루어져야 한다는 것을 원리적으로 부정하게 된다.

2.2.2.2. 정치는 인문학이 향도해 나가는 인문 예술적인 삶이, 불평등함이 없이 언제 어디서나 누구에게나 두루 향유될 수 있도록 하는 데 필요한 일체의 행위를 일컫는다. 정치가 가치의 방향을 왜곡하여 권력이 가치의 최종적인 실현인 양 오인하도록 해서는 안 된다.

2.2.2.2.1. 정치적 행위가 경제적인 부를 보장, 고취하고 확장하는 것을 목표로 삼는 것은 정치가 인간 고유의 삶을 도모한다는 본래의 취지에 정면으로 위배된다.

2.2.2.2.2. 실제에 있어서 정치적 행위가 경제적인 부와 정치적인 권력 간의 상호 되먹임의 메커니즘에 포섭되어 있으면서, 동시에 이 메커니즘을 역이용하여 특정 개인이나 집단이 다른 다수 개인들이

나 집단을 지배하는 것을 목적으로 삼는 것은 혁파되어야 한다. 공정하건 불공정하건 정치적 행위가 경제적인 부만을 둘러싼 분배를 목적으로 삼는 한, 지배·피지배의 고리를 끊어 낸다는 것은 원칙적으로 불가능하기 때문이다.

2.3. 가치는 모두가 함께 향유함으로써 더욱 심화·확산되는 데서 성립한다. 배타적인 소유를 통해 더욱 심화·확산되는 것으로 여겨지는 영역에서의 가치는 왜곡된 가치이다.

2.3.1. 인문 예술적인 영역에서 생산되는 것들은 모두가 함께 향유함으로써 더욱더 수렴·응축되고, 그렇게 수렴·응축됨으로써 더욱더 확산·분절되는 정도가 제고된다. 이러한 인문 예술적인 가치야말로 가치의 근원이다.

2.3.2. 인문학이 경제와 정치에 앞선다는 것은 인문 예술적 가치가 경제적인 혹은 정치적인 가치의 기준이 된다는 것을 의미한다.

2.3.2.1. 일체의 정치적 행위는 인민들의 인문 예술적인 삶을 보장·고취하고 확장하는 것을 최종 목표로 삼아 조직되고 규제되어야 한다.